Dieses Buch gehört

# Liebe Eltern,

wir wollen Ihr Kind beim Lesenlernen unterstützen, und zwar mit spannenden und lustigen Geschichten.

Unsere Bücher mit der liebenswerten Bildermaus begleiten Ihren Sohn oder Ihre Tochter durch die Vorschule. Sie enthalten kurze Geschichten mit einfachen Sätzen sowie großer und leicht lesbarer Schrift. Hauptwörter werden durch kleine Bilder ersetzt. Lesen Sie die Geschichten vor und lassen Sie Ihr Kind die Bilder selbst benennen. Am Ende finden Sie eine Bild-Wörterliste mit den einzelnen Bedeutungen. Viele bunte Illustrationen sorgen außerdem für Lesepausen und helfen, die Geschichte zu verstehen.

So wird der Spaß am Lesen geweckt, und Ihr Kind wird ganz nebenbei von der Bildermaus zum echten Leselöwen!

Ihre
**Bildermaus**

Maja von Vogel

# Feengeschichten

Illustriert von Naeko Ishida

www.bildermaus.de

FSC
www.fsc.org
MIX
Papier aus ver-
antwortungsvollen
Quellen
FSC® C109273

ISBN 978-3-7432-0293-1
1. Auflage 2019
© 2019 Loewe Verlag GmbH, Bindlach
Illustrationen: Naeko Ishida
Umschlaggestaltung: Ramona Karl
Vignetten Bildermaus: Angelika Stubner
Reihenlogo nach einem Entwurf von Angelika Stubner
Printed in the EU

www.loewe-verlag.de

# Inhalt

Fina Frühlingsfee im Schnee  . . .    8

Nur Mut, Siri Sommerfee!  . . . . .   16

Vorsicht, Hedi Herbstfee!  . . . . .   23

Wilma Winterfee will eislaufen.  . .   31

# Fina Frühlingsfee im Schnee

Fina, die kleine , fliegt durch

den . Die an den

leuchten hellgrün, die blühen

und die zwitschern. Fina ist

aufgeregt. Heute darf sie die

herbeizaubern, damit die

wachsen können.

Eigentlich machen das immer die

großen , aber die haben frei.

Fina landet auf einem  und

schwenkt ihren  : „Eins, zwei,

drei, , komm herbei!" Es ziehen

graue  auf und es wird kälter.

„Ach, du dicke !", schimpft

Fina. „Ich hab mich verzaubert."

Hastig probiert sie es noch einmal.

Nun weht eisiger  und

fällt vom . „Die

erfrieren!", ruft Fina.

10

„Ich muss sie retten." Aber Fina

ist auf dem  festgefroren.

Ihre  und sind erstarrt.

Nicht mal den 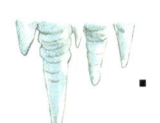 kann sie

bewegen! Sie ist ein lebender .

Was soll sie tun?

Plötzlich flattern drei kleine

herbei. Es sind Siri, Hedi und

Wilma. Sie tragen dicke ,

kuschelige  und .

„Wir helfen dir!", ruft Siri.

Sie zieht Fina einen kuscheligen,

warmen  an. Wilma setzt ihr

eine  auf und Hedi bindet ihr

einen  um. Fina wird sofort

wärmer. „Ich kann mich wieder

bewegen!", jubelt sie.

Jetzt muss sie nur noch den

wegzaubern. Und zwar schnell!

Fina denkt ganz fest an die

und murmelt: „Liebe  , komm

herbei, eins, zwei, drei!" Die

ziehen weiter.

Die  lässt den 〔Schnee〕 schmelzen

und wärmt die 〔Blumen〕 . „Juchhu!",

freut sich Fina. Sie fällt Siri, Hedi

und Wilma um den 〔Hals〕 . Die

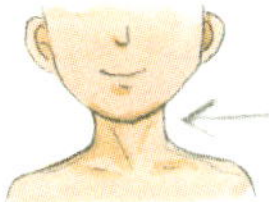

vier 〔Feen〕 fassen sich an den 〔Händen〕

und fliegen der  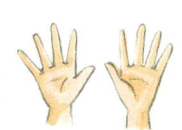 entgegen.

# Nur Mut, Siri Sommerfee!

Siri freut sich. Heute tanzen

alle  auf der im !

Siri zieht ihr schönstes an,

putzt sich die und legt

eine aus um. Dann

saust sie los. Auf der wirbeln

schon viele  im  .

16

Eine  spielt  .

Funkelnde  und pelzige

schwirren herum. Siri will gerade

mittanzen, da ziehen dunkle

über dem  auf. „O nein",

murmelt Siri. „Ein !"

Sie muss die  wegzaubern.

Aber das schafft sie nicht allein.

Eilig holt sie Fina, Hedi und Wilma.

„Ihr müsst mir helfen!" Siri zeigt

zum  .

Die  sind noch dunkler

geworden. „Wir brauchen eine

schwarze !", ruft Hedi. „Nur

damit kann man ein

aufhalten." Wilma nickt. „Aber

schwarze  sind total selten."

Wie gut, dass Fina weiß, wo sie

eine finden. Die vier  fliegen

tief in den ![]. Tatsächlich!

Unter einem uralten ![] wächst

eine wunderschöne schwarze ![].

Die ersten  fallen aus

den ☁️ und es grollt unheimlich.

Siri pflückt die 🌹 und hält sie

hoch. Gemeinsam rufen die  :

„Zippel, zippel, zapp, das ⛈️

zieht jetzt ab!"

Ein  zuckt herab und die

zerfällt zu . Die  lösen

sich auf. Siri klatscht in die .

„Wir haben es geschafft!" Froh

fliegen die  zurück zur

und tanzen, bis es hell wird.

# Vorsicht, Hedi Herbstfee!

Heute scheint die ☀ im 🌲

und die 🍂 an den 🌳 leuchten

in allen 🎨. „Wie schön!", seufzt

Hedi, die kleine 🧚. „Von wegen!",

schimpft Mia 🐭. Sie sitzt unter

einem 🌳 und wackelt ärgerlich

mit den 🐭.

„Keine einzige  liegt auf

dem . Wie soll ich da satt

werden? Wann kommt endlich

der  und schüttelt die

von den ?" Hedi lacht. „Du

willst ? Den kannst du haben."

24

Kräftig schwenkt sie ihren .

Leichter  säuselt zwischen

den . Das  raschelt.

„Mehr!", ruft die . Hedi bewegt

wieder ihren . Jetzt weht es

schon heftiger.

Ein paar   fallen vom  .

„Noch mehr!", ruft die  . Hedi

gehorcht. Ups, das war zu viel!

Die  biegen sich im  .

Die  versteckt sich und Hedi

wird glatt weggeweht.

Sie wirbelt durch die und

verliert ihren . „Verflixt!",

schimpft sie. „Warum hilft mir

keiner?" Verzweifelt krallt sie

sich an einem fest. Da

taucht ein neben ihr auf.

Es nimmt die kleine  auf

den , klettert den

hinunter und setzt sie im  ab.

„Da liegt ja mein !", ruft

Hedi.

Hastig zieht sie ihn zwischen

zwei  hervor und murmelt:

„Verschwinde, , und zwar

geschwind!" Sofort legt sich

der . Die  kommt unter

dem  hervor.

„So viele  !“, stellt sie begeistert

fest. Auch das  freut sich.

„Lasst es euch schmecken!“, sagt

die kleine  . Sie knackt eine

und steckt sie in den  . Lecker!

# Wilma Winterfee will eislaufen

Die  sind kahl. Ein paar

segeln vom  . Die meisten

haben sich irgendwo verkrochen.

Nur vier kleine  fliegen durch

den winterlichen  . „Wollen wir

eislaufen?", fragt Wilma. „Au ja!",

rufen Siri, Hedi und Fina.

Schnell sausen sie zum  .

„So ein ![]!", schimpft Hedi.

„Der  ist nicht zugefroren."

Tatsächlich! Kein ![] weit und breit.

„Dann zaubere ich es eben kälter."

Wilma greift in den  mit ,

aber er ist leer. „Verflixtes !",

schimpft sie. „Ohne  kann

ich nicht zaubern. Wir müssen zur

goldenen  und neuen holen."

Die  fliegen sofort los.

Die goldene  liegt direkt

am . Aber was ist das? In

der  schnarcht jemand. „Das

klingt ja wie sieben !"

Wilma kichert.

Doch als sie in die 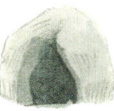 schaut,

zuckt sie zurück. „Ein riesiger !",

flüstert sie. „Er schläft." Der

liegt direkt vor dem geheimen ,

in dem der versteckt ist.

„Wir müssen ihn wecken", sagt Siri.

Wilma schluckt. Hoffentlich wird

der  nicht sauer. Aufgeregt

zückt sie ihren ✎ und stupst

den  an. Er schlägt die

auf und brummt ärgerlich.

Dann steht er auf. Schnell saust

Wilma in den  und füllt

ihren  mit glitzerndem  .

„Nichts wie weg!", ruft sie, als sie

wieder zurückkommt. Aber der

versperrt ihnen den  .

„Wir müssen singen!", ruft Siri.

Die  trällern sofort los.

*„Der* 🌙 *ist aufgegangen ..."*

Der 🐻 gähnt, ihm fallen die

zu und er schläft wieder ein.

Die 🧚 sausen aus der 🪨.

Puh, das war knapp! Wilma wirft

etwas  in die  und

murmelt: „Lass es sofort kälter

sein,  und  !" Siri lacht.

„Auf zum  ! Jetzt können wir

endlich eislaufen!"

# Die Wörter zu den Bildern:

 Fee

 Zauberstab

 Wald

 Wolken

 Blätter

 Hummel

 Bäume

 Wind

 Blumen

 Schnee

 Vögel

 Himmel

 Sonne

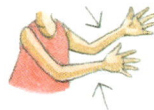 Arme

 Ast

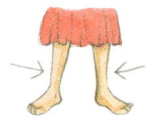 Beine

 Eiszapfen

 Flügel

 Mäntel

 Kette

 Mützen

 Tautropfen

 Handschuhe

 Kreis

 Schal

 Grille

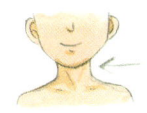 Hals

 Geige

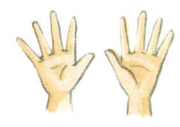 Hände

 Glühwürmchen

 Lichtung

 Gewitter

 Kleid

 Rose

 Tropfen

 Luft

 Blitz

 Eichhörnchen

 Staub

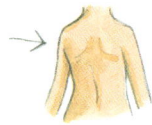 Rücken

 Farben

 Steine

 Maus

 Busch

 Ohren

 Mund

 Nuss

 Schneeflocken

 Boden

 Tiere

 Gras

 See

 Mist

 Bär

 Eis

 Gang

 Beutel

 Augen

 Feenstaub

 Weg

 Höhle

 Mond

 Fluss

 Wildschwein

 Holzfäller

**Maja von Vogel** wurde 1973 geboren und wuchs im Emsland auf. Sie studierte Deutsch und Französisch, lebte ein Jahr in Paris und arbeitete mehrere Jahre als Lektorin in einem Kinderbuchverlag, bevor sie sich als Autorin und Übersetzerin selbstständig machte. Heute lebt Maja von Vogel in Norddeutschland.

**Naeko Ishida** wurde in Japan geboren, kam mit drei Jahren nach Deutschland und studierte später an der Fachhochschule Münster Illustration. Sie arbeitet als freischaffende Illustratorin im Kinder-, Jugend- und Schulbuchbereich.

# Noch mehr Lesespaß!

ISBN 978-3-7432-0134-7

ISBN 978-3-7432-0285-6

ISBN 978-3-7432-0254-2

ISBN 978-3-7432-0294-8

Loewe
Das will ich lesen!